Eid/Ruprecht

Papiercollage für Einsteiger

Papiercollage für Einsteiger

Papiercollage für Einsteiger

PAPIERCOLLAGE FÜR EINSTEIGER

Klaus Eid / Hakon Ruprecht

Papiercollage für Einsteiger

Grundlagen
Techniken
Beispiele

Für Freizeit und Unterricht

AUGUSTUS

Einführung

Wer sich gründlich mit der Collage und ihren Techniken auseinander setzt, wird seine Umgebung anders sehen als zuvor. Er wird seine Wahrnehmung verfeinern und mit Erstaunen feststellen, dass auch das Alltägliche in seiner Zusammensetzung gestalterisch anregend sein kann. So wie überraschende Erlebnisse und unerwartete Begegnungen unserem Leben Abwechslung und Spannung verleihen, so lässt auch die Kombination unterschiedlicher, ja sogar gegensätzlicher Materialien und Arbeitsweisen den gestalterischen Prozess in einem neuen Licht erscheinen.

Die Erfindung der Collage

Zu Beginn des 20. Jahrhunderts haben sich in der Bildenden Kunst grundlegende Veränderungen vollzogen. Angeregt durch Bilder aus der Volkskunst, der Kinderkunst oder vergleichbaren Randbereichen der Kunst ließen sich die Künstler auf zahlreiche neue gestalterische Ideen ein. Bereits 1912 klebte Picasso in eines seiner Bilder ein Stück Wachstuch mit aufgedrucktem Flechtmuster. Das naturalistisch wirkende Geflecht und die gemalten Formen bildeten zwar einen starken Kontrast, passten andererseits aber so gut zusammen, dass der Maler dem fertigen Bild den Titel »Stilleben mit geflochtenem Stuhl« gab. Das war die Geburtsstunde der Collage.

»Mona Lisa im Urlaub«. Immer wieder dient das berühmte Bild als Anregung für neue Interpretationen. Hier passen der Kopf der Mona Lisa, ihre Blickrichtung, genau auf den Körper eines Fotomodels am Strand. Die Perlenkette »verdeckt« den Übergang der beiden Collage-Elemente.

Picasso hatte entdeckt, dass sich Teilstücke der Realität – wie das Wachstuch – in ein gemaltes Bild integrieren lassen, ohne die einheitliche Struktur des Ganzen in Frage zu stellen. Im Gegenteil, er stellte fest, dass sich die formalen Gegensätze trotz der stilistischen Unterschiede in ihrer Wirkung gegenseitig steigerten.

Bald hatte Picassos Erfindung Nachahmer. Diese erweiterten und ergänzten die neue Methode, indem sie z.B. Fotos, Nägel, Spiegel, Schmetterlinge und andere reale Dinge in ihre Bilder einfügten. Auch die Künstler der Gegenwart setzen sich in immer neuen Varianten mit der Collagetechnik auseinander und entwickeln neue Spielarten des Kombinierens unterschiedlicher Materialien. Sie setzen Kunstwerke aus Fundstücken zusammen oder verbinden in ihren Bildern Fremdmaterialien mit herkömmlichen Gestaltungsverfahren wie Malen, Zeichnen und Drucken. Sie benützen flächige Fragmente und Abfälle – wie Streichholzschachteln, Zigarettenpackungen, Tapeten, Fahrscheine, Eintrittskarten –, aber auch Holzfurniere, rostige Bleche, Fäden, Blätter und Federn, und zeigen damit, dass Wert (oder Unwert) des Materials keinen Einfluss auf die Kunstqualität hat. Gerade abgenutzte Dinge als Träger von Emotionen und Erinnerungen scheinen mit ihrem Einzug in die Kunst besondere Ausdruckskraft zu gewinnen. Die eigentlich kunstfremden Materialien werden so in ihrer ästhetischen Wirkung hervorgehoben und geadelt. Diese Erfahrung und das Collagieren als Gestaltungsprinzip sind aus der Kunst der Gegenwart nicht mehr wegzudenken.
Welch herausragende Bedeutung der Collage zukommt, zeigt sich auch daran, dass sie gleichermaßen in die Musik (Klangcollage) wie in die Literatur (Textcollage) Eingang fand.

Was ist eine Collage?

Das Wort »Collage« kommt vom französischen »coller« = kleben. Entscheidendes Merkmal der Collage ist aber nicht der Vorgang des Klebens. Viel bedeutsamer ist es, dass dabei bereits existierende Bilder, unterschiedliche Bildstrukturen oder Bildteile zu etwas Neuem zusammengefügt werden. Max Ernst, einer der bedeutendsten Collagekünstler, spricht vom »zufälligen oder künstlich provozierten Zusammentreffen wesensfremder Realitäten« und dem »Funken Poesie, der bei der Annäherung dieser Realitäten überspringt«.
So entsteht eine völlig neue Bildaussage. Die ursprüngliche Bedeutung der einzelnen Teile tritt zugunsten anderer, oft überraschender Wirkungen in den Hintergrund. Heute bezeichnet der Begriff »Collage« alle Kunstwerke, in denen unterschiedliche Bilder oder Materialien durch Kleben, Schrauben, Löten, Heften, Vernähen etc. verbunden werden. Im Lauf des letzten Jahrhunderts wurden nahezu alle Kombinationsmöglichkeiten und Denkansätze erprobt, die zur Herstellung von Collagen führen können.
Geradezu exemplarisch hat Picasso im Jahr 1942 durch ein räumliches Objekt die Collage definiert. Es ist eine der berühmtesten plastischen Arbeiten des Künstlers und trägt den Titel »Stierschädel«. Erst nach genauerem Hinsehen erkennt der Betrachter verblüfft, dass der Schädel aus einem Fahrradsattel und einem Fahrradlenker zusammengesetzt ist.

»Lesestunde«. **Das Illustriertenbild einer afrikanischen Landschaft mit Flusspferden strahlt, nachdem sich ein lesendes Mädchen auf einem der gefährlichen Tiere niedergelassen hat, plötzlich Ruhe und Gelassenheit aus. In der Wildnis hat im Hintergrund das Märchenschloss Neuschwanstein Platz gefunden.**

Das »Prinzip Collage«

Collagieren beinhaltet vor allem Freude an schöpferischer Tätigkeit und die beglückende Erfahrung, dass Gestalten nicht Nachahmen bedeutet. In der Collage zeigt der Künstler seine Kreativität in reinster Form. Während der Arbeit ist er – einem Spieler vergleichbar – konzentriert und entspannt zugleich. Er sucht neugierig und zielstrebig die Lösung eines Puzzles, für das es keine Vorlage gibt. Kunstwissenschaftler sehen in dieser Technik nicht nur ein handwerkliches Verfahren zur Herstellung von Bildern, sondern sprechen darüber hinaus vom »Prinzip Collage«. Sie meinen damit das gestalterische Spiel mit dem Zufall, die Lust am Experimentieren und die Fähigkeit des Menschen, aus Vorhandenem etwas Neues zu machen. Dieses Vorgehen erfordert neue Denkstrukturen und ungewöhnliche Handlungsprinzipien. Beim Collagieren kann die Umkehrung gewohnter Verfahren – z. B. Zerstören statt Erhalten, Verschlüsseln statt Erklären – richtiger sein als die Einhaltung starrer Regeln. Künstlerische Freiheit und Kreativität verlangen die Befreiung von Konvention und Vorschrift sowie Unvoreingenommenheit gegenüber dem Ungewohnten.

Das Spiel mit dem Zufall

Beim Collagieren gibt es kaum Grenzen, wenn es darum geht, unterschiedliche Bereiche zu verknüpfen. In Gedanken und Empfindungen, auch in Fakten und Gegenständen, wird nach Trennendem und Gemeinsamem gesucht. Gefragt sind Mittel und Wege, Gegensätzliches und kreative Ideen zu bündeln, zu kombinieren und daraus etwas Neues zu schaffen.
Zumeist bildet eine kunterbunte Mischung aus Einzelstücken den Anfang. Diese werden geordnet, ergänzt und so lange verändert, vereinfacht und erweitert, bis aus dem Mosaik eine akzeptable Bildlösung entstanden ist. Bei diesem Experiment mit den unerschöpflichen Möglichkeiten des Veränderns übernimmt der Zufall eine zentrale Rolle. Anders als bei rational geplanten und aufgebauten Bildkonstruktionen, die oft schon bestimmte Vorstellungen voraussetzen, kann man sich beim Collagieren der stimulierenden Faszination des Zufalls hingeben.
Beispielsweise können in einer Anordnung banaler Zeitungsausschnitte und Papierschnipsel, die zunächst keine ästhetischen Höhepunkte zeigen, unerwartete Entdeckungen gemacht werden.

Zufällig können sich verschiedene Motive begegnen und zu neuen Bildern zusammenschließen (siehe Abbildungen auf dieser Seite). Solche Kombinationen wurden vorher nicht geplant und sind selbst dem Collageur oft kaum verständlich.

Die unterschiedliche Herkunft der Bildfragmente und ihr plötzliches Zusammentreffen irritieren und verunsichern den Betrachter. Bedeutungen überlagern sich und schaffen vielfältige, offene Bildwelten, die oft Fragen nach dem Sinn des Ganzen aufwerfen.

Oben:
»Düsenschrecke«. Ein Zufallsprodukt aus zwei verschiedenen Fundstücken, die per Fotokopie einander angepasst wurden. Der nahtlose Übergang der beiden Elemente spiegelt sich auch im Titel.

Über die Postkarte eines Männerporträts von Tizian wurde hier der passende Ausschnitt eines Frauengesichts samt Frauenhand geklebt. Das Ergebnis ist ein verwirrendes Posenspiel mit »venezianischer Larve«, in dem die Maske mit dem bärtigen Kinn zu neuer »Realität« verschmilzt.

Rechts:
»Adam und Eva«. So einfach und doch so verblüffend ... Hier waren nur kleinste Anpassungen erforderlich, um die Idee »abzurunden«: Den beiden Figuren aus einem Versandhauskatalog von 1912 wurde lediglich nur ein Vorderrad »gestohlen«. Aus dem Gegenüber der nicht mehr funktionstüchtigen Fahrräder gewinnt die Szene eine hintergründige Bedeutung.

Die Materialsammlung

Sammeln

Zum Collagieren benötigen Sie unterschiedliches Bildmaterial. Es bildet die Basis für sämtliche spielerischen und gestalterischen Aktivitäten. Sammeln Sie Bilder und Papiere aller Art, z. B. Plakate, Poster, Hefte, Werbebroschüren, Einladungen, Tapeten, Bücher, Fotos usw. Gerade die Werbung in den Massenmedien stellt eine riesige Menge von Bildern zur Verfügung. So entsteht in Wochen, Monaten und Jahren ein reichhaltiger Fundus zum Experimentieren und Spielen – ein »Bildbaukasten« und ausgezeichnetes Hilfsmittel, um rasch vielfältige Kombinationen zu erhalten.

Motivwahl

Neben der Quantität ist auch die Qualität des Bildmaterials entscheidend. Suchen Sie prägnante Abbildungen von Menschen, Händen, Schmetterlingen, Wolken, Landschaften, Autos, verschiedensten Gegenständen, die Ihnen für die Weiterverwendung in einer Collage geeignet erscheinen. Inhaltlich sollte ein breites Spektrum entstehen, das in seiner Vielschichtigkeit das Nebeneinander vieler visueller Wahrnehmungen ermöglicht.
Wird der Baukasten kontinuierlich erweitert, ist er eine zuverlässige Quelle für kreative Einfälle.

Archivieren

Bauen Sie aus dem zusammengetragenen Material ein komplexes Archiv auf. Dazu werden Bilder und Papiere grob in Themenbereiche sortiert und beispielsweise in Hängemappen abgelegt. Die wichtigen Bildseiten sollten so zueinander gelegt werden, dass man sie beim Suchen ohne umzudrehen betrachten und herausnehmen kann. Beschriftungen der Mappen wie in einem Karteikartensystem helfen, einzelne Bereiche rasch zu finden.
Das Archiv sollte laufend systematisch ergänzt werden, vor allem mit billigem Material, das leicht und überall zu haben ist. Blättern Sie regelmäßig in Zeitungen, Kalendern und Zeitschriften aus der Altpapiersammlung und schlachten Sie diese aus. Sammeln Sie auch Papiere mit Gebrauchsspuren, die vergilbt, verfleckt, zerknittert und durchlöchert sind – Papiere, mit denen sich persönliche Erlebnisse und Erinnerungen verbinden, wie Eintrittskarten, handschriftliche Notizen, Briefumschläge, Wanderkarten, Verpackungen von Süßigkeiten oder Zigaretten. Sie regen durch ihre Geschichte die Fantasie an und sind lebendiger als die makellosen Blätter aus dem Schreibwarenhandel.

Systematik

Wer über längere Zeit Material dieser Art sammelt, wird ein sicheres Gespür für ungewöhnliche und besonders reizvolle Funde entwickeln, die etwa nach folgenden Gesichtspunkten geordnet werden können:

- neutrale, meist einfarbige Papiere, Kartons und Pappen (Seiden-, Transparent-, Japan-, Aquarell-, Kupferdruck-, Kohle-, Folien-, Metall-, Velours-, Bunt-, Zeichen-, Schreibmaschinen-, Sand-, Pack-, Transparent-, Ton-, Schleif-, Makulaturpapier, Wellpappe, Tapeten, Eierkartons u. ä.);
- bedruckte Papiere mit erkennbaren Darstellungen (Zeitschriftenseiten, Bücher, Plakate, Fotokopien, Prospekte, Postkarten, Bierdeckel, Schallplattenhüllen, Servietten, Papiertüten, Verpackungen, Etiketten, Buchumschläge, Kalender, Fotokopien u. ä.);
- persönliche Erinnerungen (Flugtickets, Speisekarten, Briefe, Fotos, Reste von bemalten Papieren oder Bildern, Tagebücher u. ä.);
- Naturmaterialien (getrocknete und gepresste Blätter oder Blumen, Holzfurniere, Vogelfedern, tote Insekten, Schlangenhäute u. ä.);
- Plastikfolien und textile Stoffe aller Art.

Die ersten Bilder entstehen

Ist das Material nicht zu starr und systematisch sortiert, kann das System wie ein Bildgenerator funktionieren. Das zufällige Aneinandergeraten von Motiven führt zu neuen, vorher nicht beabsichtigten und erahnten Bildkombinationen. Neue Zusammenhänge werden durch das Nebeneinander unterschiedlicher Darstellungen provoziert.

Übung

Ein Motiv – z. B. eine Figur, ein Auge, ein Ballon – gewinnt eine völlig neue Aussagekraft, wenn man es aus seinem ursprünglichen Bildzusammenhang herausnimmt und in ein neues Umfeld versetzt. Um Auge und Vorstellungskraft für solche Kombinationen zu schulen, schneiden Sie zunächst Einzelgegenstände aus, die prägnant und interessant erscheinen, und suchen dazu geeignete große Hintergrundbilder. Landschaften, Wolken, Architekturen findet man beispielsweise auf vielen alten Kalenderblättern, die für diesen Zweck bestens geeignet sind. Schieben Sie ein Motiv, das man möglicherweise auch am Fotokopierer vervielfältigt hat, auf verschiedenen Hintergründen hin und her. Fixieren Sie die Version mit der besten Wirkung.

Beispiele für diese Technik sind die Gestaltungen auf dieser Doppelseite mit Goethe und dem Heißluftballon.

Oben:
Die Figur Goethes stammt von einer Reproduktion des Gemäldes »Goethe in der Campagna« (1786/87) von Johann Heinrich Wilhelm Tischbein. Aber wohin mit Goethe? Ins Wohnzimmer, ins Museum oder ins Auto (siehe Seite 4)? Kann Goethe ganz aufgeklebt werden oder muss er in Schnitte – wie beim Wohnzimmer zu sehen – eingesteckt werden? Soll er in der Mitte oder am Rand platziert werden, passen die Farbigkeiten zueinander? Das Suchen und Probieren schafft immer wieder neue Bildsituationen und irritiert den Blick des Betrachters.

Mitte:
»Goethe im Museum«. Der Kopf aus Tischbeins Gemälde paßt sich nahtlos in eine zeitgenössische Fotografie ein.

Unten:
»Goethe zu Hause«.

Hilfsmittel und Bildträger

Der Heißluftballon ist mit Diafilm fotografiert. Aus den farbig entwickelten Papierbildern wurde er ausgeschnitten und taucht nun in verschiedenen Kalenderblatt-Landschaften auf. Entdecken Sie für sich die interessanteste Lösung.

Werkzeuge

Die wichtigsten Hilfsmittel beim Collagieren sind Ihre Hände, mit denen Sie die verschiedenen Papiersorten ertasten, die einzelnen Blätter reißen, die Papierstücke anordnen und verschieben, um sie dann auf einer Unterlage zu befestigen. Außerdem benötigen Sie:

- eine Papier- und eine Fingernagelschere, Schneidemesser oder -federn. Federmesser bzw. Cutter eignen sich für gerade Schnitte;
- ein rutschfestes Metall-Lineal zum Anlegen von Schneidemessern;
- eine Schneideunterlage (vom Fachhandel); ersatzweise können Sie sich auch kräftige Pappreste besorgen.

Viele Collagearbeiten werden mit Zeichnung oder Malerei kombiniert. Dafür müssen Sie Bleistifte, Filzschreiber, Wasser- oder Acrylfarben und entsprechende Pinsel, Tusche und Feder u. a. bereithalten.

Klebstoffe

Wenn Sie umweltbewusst arbeiten wollen und die Mühe nicht scheuen, sollten Sie zum Collagieren wasserlösliche und mit Wasser verdünnbare Klebstoffe verwenden. Aber: Wellen und Falten in den Klebeflächen sind hier kaum zu vermeiden, sofern Sie Ihre frischen Collagen nicht sorgfältig pressen können. Der gebräuchlichste Kleber dieser Art ist Tapetenkleister. Er ist preiswert, löst sich in kaltem Wasser schnell auf und lässt sich einfach verarbeiten.
Für diejenigen, die wasserfestes Klebematerial aus Tuben bevorzugen, empfehlen sich Klebstoffe, mit denen Papiere verklebt und bei Bedarf auch wieder voneinander gelöst werden können. Schnelles und sauberes Arbeiten, auch für Kinder, garantieren Klebestifte ohne Lösungsmittel sowie tropffreie Klebstoffe.

Bildträger

Üblicherweise bilden Papiere und dünne Kartons den Untergrund für Collagen. Natürlich können Sie Ihr Bild auch auf eine feste Platte aus Hartfaser oder Sperrholz aufkleben, doch bedeutet das weder eine handwerkliche Verbesserung noch eine Steigerung der künstlerischen Qualität. Geht man beim Collagieren von einem größeren Bild, z. B. einem Poster oder einem Großfoto aus, kann dieses selbst als Untergrund dienen (vgl. Abbildungen Seite 26 und 27).

Collage/Klebebild

Papier ist das klassische Collagematerial. Bedruckt oder unbedruckt dient es nicht nur als Bildträger wie bei der Zeichnung oder anderen grafischen Verfahren, sondern wird in der Collage selbst zum bildnerischen Mittel und Ausdrucksträger. Der Künstler »malt« und gestaltet mit bedeutungsvollen oder scheinbar bedeutungslosen Papierstücken, arrangiert sie und klebt sie zusammen. Die Dadaisten nannten ihre Collagen deshalb Klebebilder.
Handwerklich gesehen ist das Arbeiten mit Papier einfach; es erfordert weder besondere Fähigkeiten noch spezielle Werkzeuge. Einfarbige Papiere mit einfachen Strukturen sind jedoch leichter zu verarbeiten als Papiere mit naturalistischen Darstellungen. Bildfragmente, Papiere mit Farbverläufen und zusammenhanglosen Details, Zufallsformen u. ä. sind vielseitig verwendbar und wirken fantasievoll.

Tipp

»Ich suche nicht, ich finde«, hat Picasso mehrfach geäußert. Übernehmen Sie diese gestalterische Spielregel für Ihre künstlerische Arbeit! Es ist leicht, auf dem Arbeitstisch Papierschnipsel zu finden, die z. B. einem Bein oder einem Arm gleichen. Achten Sie auch auf Zufallsgebilde und übrig gebliebene Negativformen, die sich während Ihrer Arbeit ansammeln.

»Schwanensee«. Vor dem Hintergrund einer grünen Landschaft mit blau-grünem Himmel haben sich zahlreiche Pflanzen, Tiere und Schmuckstücke eingefunden. Sie sind, wie die grüne Schlange im Vordergrund, nicht immer auf Anhieb zu identifizieren, so dass beim Betrachter ein Hin und Her entsteht und die Collage zum Suchbild wird. Die Ähnlichkeit der Farbtöne schließt die surreale Komposition zusammen.

Still-Leben

Die bildliche Darstellung regloser Gegenstände, wie z. B. Geschirr, Bücher, Gläser in Kombination mit Pflanzen und Tieren, heißt Still-Leben. Auswahl und Zusammenstellung unterliegen der freien Entscheidung und Kontrolle des Künstlers. Der Abbildung unterschiedlicher Stofflichkeiten und Objekte im gemalten Still-Leben entspricht das reale Zusammentreffen kontrastierender Materialien in der Collage. Diese Parallelität wurde schnell erkannt, und so findet sich das Still-Leben als Bildthema häufig in der Collage.

»Blumenstrauß mit Netzstrumpf« (Format: 40 x 60 cm). Kompositorisches Zentrum des Still-Lebens ist die Vase. Sie besteht aus einem rechteckigen Papier, das wie der dunkelblaue Papierhintergrund parallel zu den Bildrändern aufgeklebt ist. Die Vase – ehemals Seite eines Skizzenbuchs – zeigt ein Bündel blau-grüner Pinselspuren. Von gerissenen Papierstreifen ergänzt, bilden diese die zum oberen Blattrand führenden Blumenstiele. Auf ihnen sitzen die ungewöhnlichen gerissenen Blüten, die noch deutliche Spuren ihrer vorherigen Bildbedeutung zeigen: Haarlocken, Raupenkörper, Taucherbrille, Wassertropfen auf einer Rasierklinge und auch Reste eines Netzstrumpfes.

Links:
Ein realer Papierfilter, eine Zeitung, etwas Kaffeepulver – das ist alles, was an Material für diese stimmungsvolle kleine Collage benötigt wird.

Rechts:
»Kaffeepause«. Das kleine, farbig zurückhaltende Still-Leben zeigt ein Stück Alltagsrealität. Auf dem dunklen Hintergrund werden die Elemente arrangiert und festgeklebt; dazwischen ist mit Kreide und Kohle die Tasse als Zeichnung eingefügt. Die wenigen hellen Gegenstände heben sich deutlich ab, eckige Formen konstrastieren mit der Tasse und dem Teller.

»Zwetschgenwasser mit Melonenstück« (Format: 57 x 43 cm). Die klare Trennung von Vorder- und Hintergrund wird nur von der senkrechten Flasche durchbrochen. Um eine betont malerische Wirkung zu erzielen, wurden die meisten Darstellungen durch nur geringfügig von der Natur abweichende Formen und Farben »gespiegelt« (am deutlichsten bei den blauen Zwetschgen zu erkennen). Die einfache, klare Form der Melonenschnitze steht in gewissem Kontrast zu ihrer malerisch konzipierten Ausführung: Kühles Karmin wird durch zusätzliches Zinnober in Bewegung gebracht, die oberen und zum Teil auch unteren Ränder sind absichtlich so gerissen, dass ein deutlicher weißer Rand entsteht. Dieser entspricht der wirklichen Erscheinungsform durchscheinender Melonenstücke. Großzügig in der Form wiederum ist die grüne Schale der Melone. Unkenntlich gemachte Schriftzeichen bilden die stilisierten Samen.

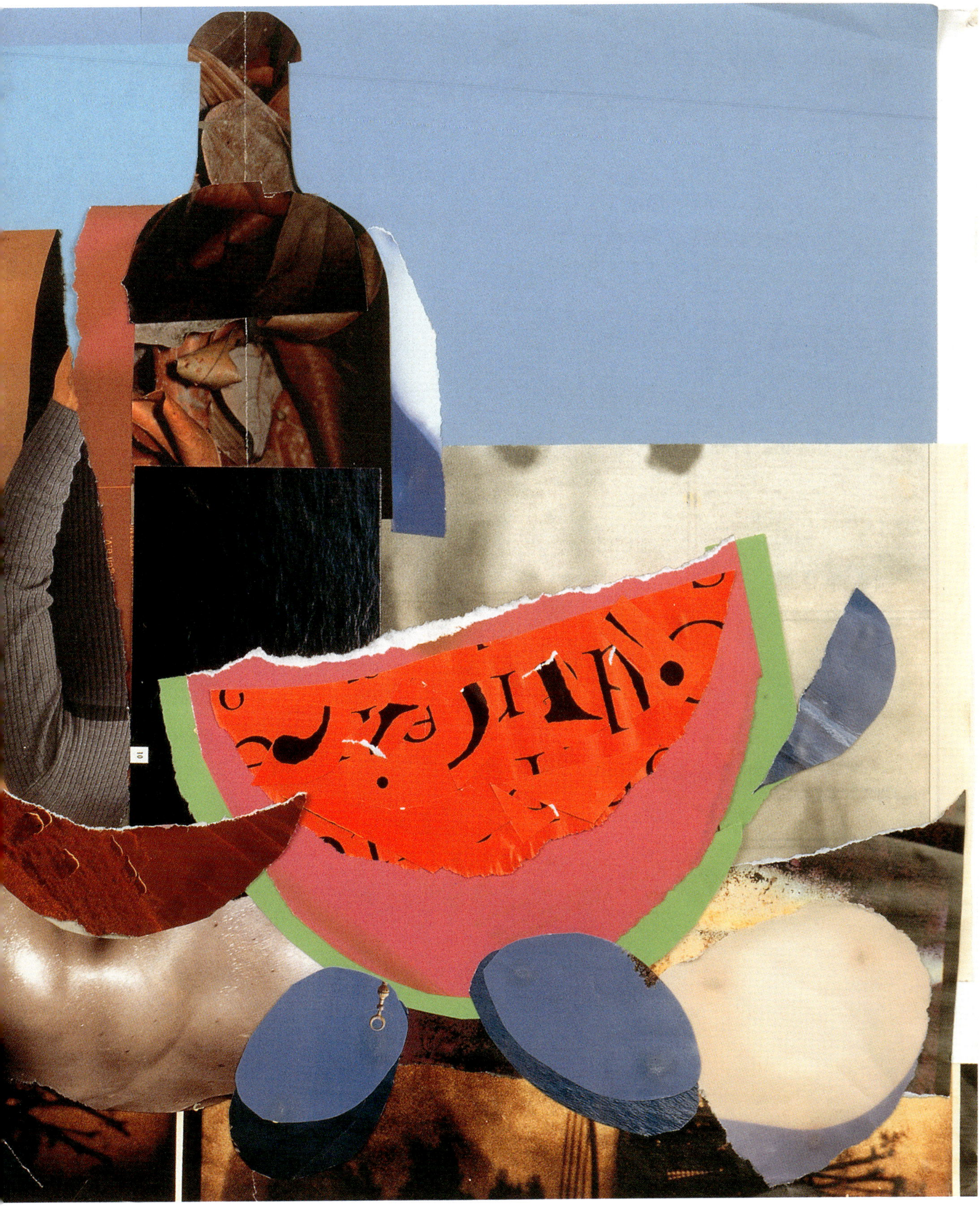

Schöner Wohnen

Abbildungen von Innenräumen eignen sich besonders dafür, die Darstellungen durch Collage-Elemente spielerisch zu verändern und zu verfremden. Vorlagen finden Sie vor allem in Prospekten von Einrichtungshäusern und in Wohnmagazinen. Die Konfrontation von Raumdarstellungen, die unseren Lebensgewohnheiten entsprechen mit solchen, die ungewohnt oder völlig neu sind, verleiht den Bildern eine dramatische Wirkung. Ungegenständliche Formgefüge wie in »Traumwochen« eignen sich für dieses Vorhaben ebenso wie figürliche Gegenüberstellungen in »Neulich am Montag«. Entscheidend sind die formale Integration und die inhaltliche Spannung von alt und neu.

Seite 16, unten:
In »Traumwochen« (Format: 60 x 40 cm) verbinden sich eingeklebte Strukturen aus gerissenem Tonpapier mit der illusionistischen Darstellung von Raum und Möbeln. Wie eine moderne Skulptur scheint die abstrakte Form von der relativ leeren Bildhälfte nach links zu schweben.

Seite 16, oben:
Hintergrund für »Traumwochen«

»Neulich am Montag« (Format: 43,5 x 31,5 cm). Der Gegensatz zwischen der realistischen Fotografie und Aubrey Beardsleys (1872 bis 1898) flächiger Zeichnung könnte kaum größer sein. Umso erstaunlicher ist es, wie perfekt sich beide Bildteile, Raum und Figur, zu einem neuen, skurrilen Ganzen vereinen.

In **»Blick aus dem Küchenfenster«** (Format: 52 x 38 cm) ist im Vordergrund ein breit gelagertes Still-Leben zu sehen. Darüber öffnet sich im rechteckigen Fenster der Blick in die benachbarte Garage, rechts davon entdeckt man die Dame des Hauses beim Fitnesstraining. Die Variation der Schauplätze mit unterschiedlichen Motiven suggeriert die Darstellung von Innen- und Außenraum.

Rechts: Detail vom »Blick aus dem Küchenfenster«.

Landschaft

Landschaften sind als Motiv in der Collage beliebt – schon deshalb, weil die Illusion einer Landschaft leicht herzustellen ist: In jedem Rechteck, das durch eine horizontale Linie geteilt wird, lässt sich die Weite einer Landschaft finden. Liegt die Horizontlinie am oberen Bildrand, haben wir das Gefühl, die Landschaft in Draufsicht (Vogelperspektive) wahrzunehmen.
Je weiter die Horizontlinie im Bild nach unten rutscht, umso mehr scheint sich der Blickwinkel des Betrachters dem Boden zu nähern (Froschperspektive). Verwendet man am unteren Bildrand großflächige, am oberen kleinflächige Formen, entsteht der Eindruck von Raumtiefe. Dieser lässt sich noch verstärken, wenn man im Vordergrund vorwiegend warme Farben (Gelb, Rot, Braun usw.), im Hintergrund dagegen kalte (Blau, Grün) einsetzt (vgl. Abbildung Seite 20).

»Unter Wasser«. Die Landschaft besteht aus selbst gefertigten so genannten Ölpapieren. Dazu werden die Schlieren von Ölfarben, die auf einer Wasseroberfläche treiben, zuerst mit einem Papierblatt abgenommen und getrocknet. Die schönsten Stellen wurden anschließend ausgeschnitten und zu einer märchenhaften Landschaft arrangiert. In ähnlicher Weise lassen sich auch andere selbst strukturierte Papiere verarbeiten.

Tipps

- Für spezielle Landschaftsdarstellungen, in denen z. B. Wolken, Felsen, Blüten dominieren, oder für abstrakte Landschaften, sind strukturierte Papiere besonders geeignet. Sehr die Fantasie anregend sind Motive wie Traum-, Weltraum- und Stadtlandschaften (siehe Abbildung Seite 23).

- Versuchen Sie, an mehreren Blättern gleichzeitig zu arbeiten. Tauschen Sie kleinteiliges Material dabei gegeneinander aus und beobachten Sie die Wirkung auf unterschiedlichen Hintergründen.

»Loch Ness«. Die Horizontlinie liegt nahe am unteren Bildrand; es entsteht der Eindruck einer steil aufragenden Gebirgskette im Hintergrund.

Großes Bild:
»Mecklenburger Seenplatte«. Die Anordnung der Horizontlinie im unteren Bildbereich macht Platz für einen riesigen Himmel. Für die Wolken wurde zugunsten einer realistischeren Wirkung zweifach übereinander gelegtes Butterbrotpapier verwendet.

»Ammersee«. Warme Farbtöne bestimmen den Vordergrund, das gegenüber liegende Ufer ist in kühlen Tönen gehalten. So entsteht die Illusion von Nähe und Ferne und damit der räumlichen Tiefe.

»Strandspiele«. Der Betrachter überblickt von einem erhöhten Standpunkt aus einen weiten Strand, auf dem Strandgut wie Muscheln und Schnecken zu finden sind.

»Piazza« (Format: 29 x 35 cm)

»Piazza« und »Im Gebirge« haben einen weniger deutlichen Horizontverlauf. Sie sind aus Zeitschriftenausrissen collagiert und von Motiv und Farbe her so sensibel aufeinander abgestimmt, dass sie den Eindruck von Ideallandschaften vermitteln.

Rechts:
Dieses gegenstandslose Bild (Format: 27,5 x 37 cm) wird durch Lage, Farbe und Breite der einzelnen Farbstreifen zum Landschaftsraum: Die in unterschiedliche Richtungen gesetzten und in warmen Tönen gehaltenen Elemente des Vordergrunds suggerieren Details und damit Nähe; nach hinten (oben) hin gibt es nur noch horizontal laufende Bänder, deren Breite kontinuierlich abnimmt und deren Farben über verblassende Grüntöne ins Blau des Himmels entschwinden.

Eine Stadtlandschaft aus übereinander geklebten Hochhaus-Motiven in Schwarz-weiß, die aus einer räumlichen Staffelung der Bildteile entsteht (Format: 19,5 x 28 cm).

Unten rechts:
»Im Gebirge« (Format: 39 x 29 cm)

Fabeltiere

Das Fabeltier begleitet Sagen, Legenden, Märchen und Mythen von frühester Zeit bis heute. Aus antiken Schriften wurden Berichte über Fabeltiere in mittelalterliche Traktate übernommen und gingen von dort in den Volksglauben über. In Sagen und Legenden häufen sich Darstellungen von schrecklichen Ungeheuern, die Schätze bewachen und Menschen verspeisen. Reiseberichte schildern seltsame Lebewesen, die sich aus verschiedenen Tieren zusammensetzen und über universelle Eigenschaften verfügen. Der Greif etwa ist ein Mischwesen aus Löwe und Adler. Beide Tiere drücken Macht und Kraft aus. Das Einhorn setzt sich aus Nashorn und Pferd zusammen. Wirklichkeit und Fantasie verbinden selbst unterschiedliche Eigenschaften zu bizarren Gestalten, wie etwa im Fall der gehörnten und mit Flügeln versehenen Hasen, die in Bayern als »Wolpertinger« bekannt sind. Derartige Phänomene sind eine Vorwegnahme der Collage-Idee. Das Neue, Unbekannte und Ungewöhnliche an solchen Kombinationen fasziniert, regt an und lässt den Gedanken Spielräume für eigene Fantasie-Gestaltungen. Ähnlich wie die gezeigten Tiercollagen, die im Prinzip aus zwei Teilen – meist aus Kopf und Körper zweier verschiedener Lebewesen – zusammengesetzt sind, lassen sich auch mehrere Tiere untereinander kombinieren. Auch Verbindungen mit technischen oder alltäglichen Gegenständen – wie Autos, Flugzeuge, Türklinken, Gabeln – führen zu bizarren Mischwesen.

Christian Morgenstern (1871–1914):

Neue Bildungen, der Natur vorgeschlagen

Der Ochsenspatz
Die Kamelente
Der Regenlöwe
Die Turtelunke
Die Schoßeule
Der Walfischvogel
Die Quallenwanze
Der Gürtelstier
Der Pfauenochse
Der Werfuchs

Die Tagtigall
Der Sägeschwan
Der Süßwassermops
Der Weinpinscher
Das Sturmspiel
Der Eulenwurm
Der Giraffenigel
Das Rhinozepony
Die Gänseschmalzblume
Der Menschenbrotbaum

Tipp

Achten Sie darauf, dass die Naht- oder Anschlussstellen gleiche oder ähnliche Farbigkeiten, Helligkeiten und Strukturen aufweisen. Die zusammengefügten Einzelteile wirken dann als optische Einheit.

Oben:
»Überschallkondor«. Natur und Technik als ideale Verbindung. Im Windkanal erprobtes Fabeltier.

Linke Seite, oben:
»Schneckenpost«. Ein archaisches Relikt im Zeitalter der Telekommunikation.

Linke Seite, Mitte:
»Hennixe«. Man muss schon zweimal hinsehen, um zu erkennen, dass das manipulierte Tier ein künstliches Geschöpf ist. Zu perfekt sind die altertümlich gezeichneten Teile ineinander gefügt, als dass man die Nahtstelle entdecken könnte.

Rechts:
»Paradiesvogel«. Der Kronenkranich schmückt sich fantasievoll mit Kostbarkeiten. Armbänder, ein Ring, eine Halskette, aus Schmuckkatalogen ausgeschnitten, sowie eine Rembrandttulpe zieren den ohnehin prächtigen Vogel.

Surreale Collagen

In der Malerei werden Bilder mit paradoxen, absurden, irrationalen und traumhaften Inhalten und Wirkungen dem Surrealismus zugerechnet.
Für Gestaltungen in diesem Bereich beginnt der schöpferische Freiraum der Collage bereits bei der Auswahl der Bildgegenstände. Ausgefallene realistische Bilder, wie z. B. blaue Gesichter, verzerrte Körper und Landschaften mit roten Bäumen und gelbem Himmel, finden Sie in Fotozeitschriften und in der Werbung. Aber erst die ungewöhnlichen Kombinationen auch alltäglicher realer Motive führen zu irritierenden Bildern mit surrealen Effekten.
Extrem widersprüchliche Dinge lassen in ihrem absichtlichen oder spontanen Nebeneinander oft traumhafte Situationen mit faszinierenden Stimmungen entstehen. Sie sind besonders eindringlich, wenn wirkliche und fantastische Bildelemente miteinander zu einer Einheit verbunden werden.

Die Abbildungsbeispiele zeigen Verknüpfungen von realistischen Formen in weiten Räumen. Ausschnitte und übertriebene Größenverhältnisse bilden neue Wirklichkeiten, die beim Betrachter unterschiedliche Gefühle und Assoziationen wecken.

Die vier Collagen (siehe auch Seite 28) zeigen, wie sich unterschiedliche reale Bildgegenstände zu grotesken irrealen Handlungsabläufen verbinden können. In ruhigen Landschaften mit weitem Himmel und vor großflächigem Hintergrund treffen statische und bewegte Bildelemente in bizarren Situationen zusammen. Ihre Anordnung und unerwartete Verbindung schaffen Begegnungen, die kaum zu enträtseln sind. Viele Figuren sind angeschnitten. Sie brechen in den Bildraum ein oder verlassen ihn. Im Zusammentreffen von Ruhe und Bewegung werden dramatische Ereignisse assoziiert, deren Ausgang unbekannt ist.
Fast alle Bildgegenstände sind unverändert, so wie sie gefunden wurden, in die Collage übernommen. Überschneidungen und stark vergrößerte Objekte im Vordergrund sorgen für tiefen-räumliche Wirkungen wie bei einem Bühnenbild.

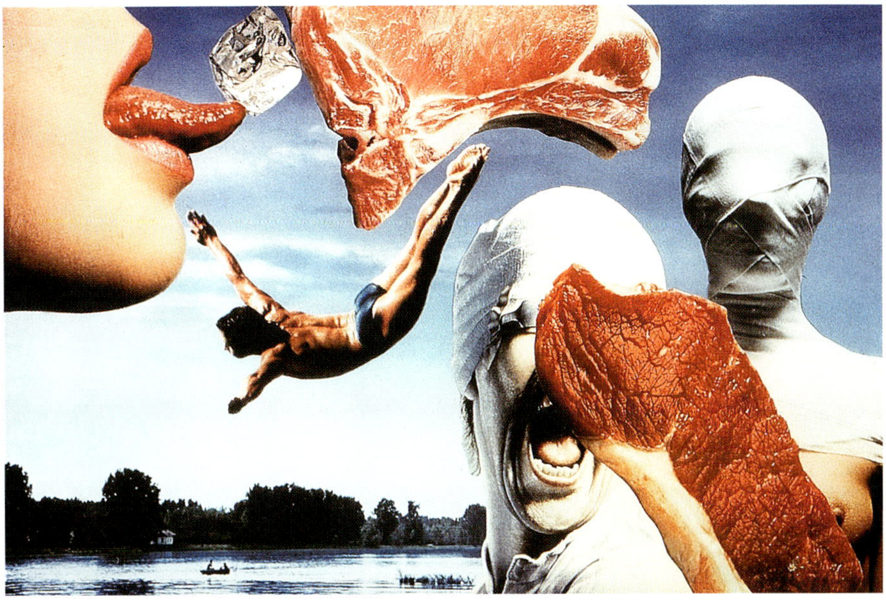

Tipp

■ Bilder, die als fotografische Realismen in die Collage übernommen werden, sollten an ihren Konturen exakt ausgeschnitten werden. Allerdings können die weißen Schnittkanten störend wirken. Retuschieren Sie diese mit Filzstift in einer Farbe, die in der Umgebung nicht auffällt.

Das Bild setzt sich aus 4 Teilen zusammen. Ein Kalenderblatt mit der Abbildung einer alten Hausfassade bildet den Hintergrund der Szene. Eine halbbekleidete Frau flüchtet aus dem Haus und rennt geradewegs auf den wartenden Mann zu. Der Betrachter blickt zusammen mit den beiden Figuren auf die Tür, hinter der sich etwas verbirgt. Die statischen senkrechten und waagerechten Linien der Hausfassade binden das Geschehen ein. Die Feder einer Vogelschwinge sinkt lautlos vor dem Betrachter zu Boden

Seite 29, links:
Das »Buchstabeninsekt« besteht aus spontan zerschnittenen Worten und Buchstaben. Die lockere Anordnung der Bildelemente belebt die Gesamtform.

Buchstaben und Zahlen

Buchstaben und Zahlen zeigen in ihrer langen Entwicklungsgeschichte eine unendliche Vielfalt an Formen, sowohl in den Schriftzeichen selbst als auch in den entstehenden Zwischenräumen.
Schneiden Sie unterschiedliche Buchstaben und Schriftzeichen aus Zeitschriften, Illustrierten und Tageszeitungen aus, ohne auf Texte und einzelne Worte und Bedeutungen zu achten. Aus den gedruckten Schriftelementen – die im Bedarfsfall am Fotokopierer vergrößert werden können – lassen sich neue reizvolle Bilder entwickeln. Kombinieren Sie unterschiedliche Farben, Formen, Größen, indem Sie auch Teile von Buchstaben, die Sie zerschnitten haben, aneinander und übereinander kleben. Addieren Sie senkrechte, waagrechte, schräge und runde Formteile zu grafischen Zeichen und Ornamenten.
Besonders interessant wirken Gegensätze aus statischen und rhythmisch bewegten Formen.

Tipp

■ Beim Collagieren ist – im Gegensatz zum Malen oder Zeichnen – die Möglichkeit zum Probieren und Experimentieren schier unerschöpflich. Lassen Sie sich Zeit mit dem Kleben und erproben Sie durch Verschieben, Drehen und Aneinanderreihen ganzer wie gestückelter Buchstaben mehrere Bildkompositionen. Spielen Sie mit den Einzelteilen Ihrer Collage und schieben Sie diese so lange hin und her, bis Sie genau die Lösung gefunden haben, die Sie wollen. Stellen Sie sich Themen: z.B. einen Buchstabenturm, Buchstabenteppich oder ein Buchstabentier.

»Fragmente«. Das kompositorische Experiment mit Buchstabenfragmenten führt zu einem ornamentalen Zeichengefüge. Die runden, spitzen und eckigen Formen beleben die ausbalancierte Komposition und schaffen lebendige Zwischenräume.

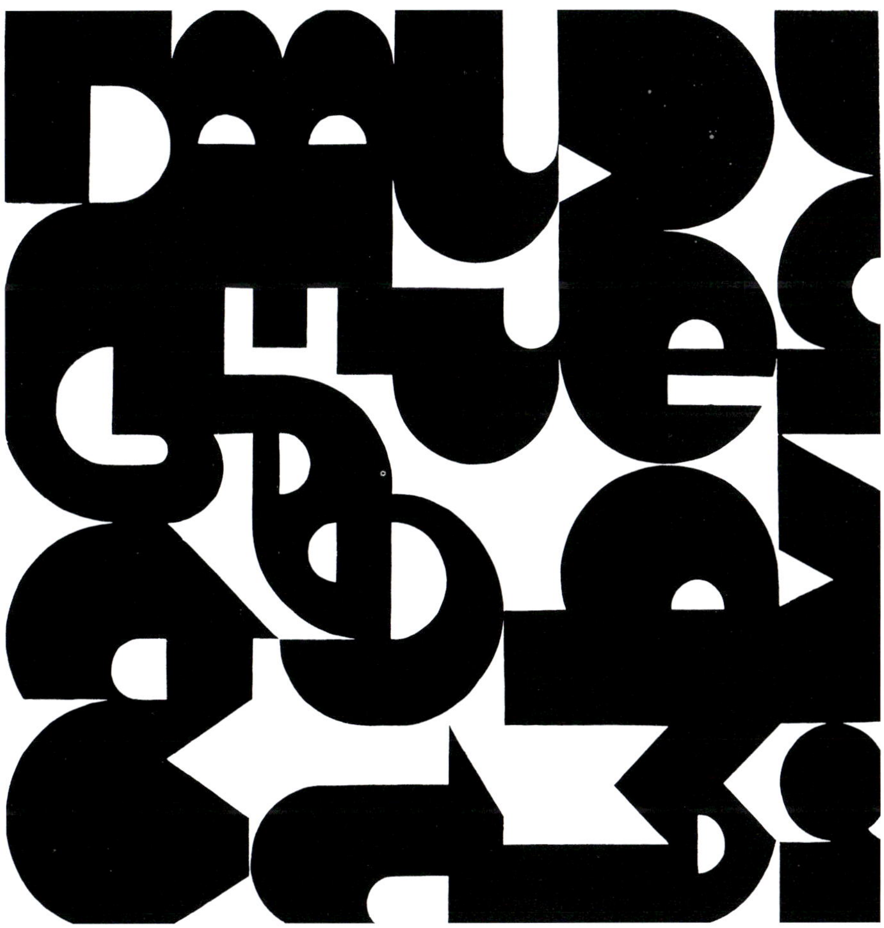

Rechts:
»Armaturenbrett« zeigt flächendeckend zeichnerische Ergänzungen von Ziffern.

Unten:
»Zen«. Das Zeichen erinnert an fernöstliche Schriftbilder. Experimentieren Sie mit ähnlichen Formen, die Sie am Fotokopierer vervielfältigen und zu längeren Ornamentketten addieren.

Rechts unten:
»Musik«. Fragmente des in Streifen zerschnittenen Wortes erschweren durch ihre lockere Anordnung die Lesbarkeit zugunsten eines belebten Hell-Dunkel-Rhythmus.

Seite 31:
»Buchstabenblume« wurde um den Mittelpunkt von innen nach außen entwickelt.

Mosaikcollagen

Solche Collagen bestehen aus farbigen, daumennagelgroßen Papierschnipseln. Diese werden aus Zeitschriften und Prospekten ausgerissen, nach Farbzugehörigkeit geordnet und ausgelegt. Die mosaikartige Wirkung entsteht durch das völlige Ausfüllen der Bildfläche mit geklebten Papierstückchen.

Auf dieser Doppelseite sehen Sie drei Beispiele für diese Technik, wobei zwei Arbeiten Varianten des Ball spielenden Mädchens darstellen und eine Collage ein Bild von Horst Antes umsetzt.

Kunstpostkarte mit Reproduktion der Malerei »Zweiäugige Figur« von Horst Antes (geb. 1936).

Rechts:
»Gehender Mann« (Format: 43 x 61 cm). Klare Formen und kräftige Farben sind charakteristisch für die Darstellung.

Tipp

Diese reizvolle Sonderform der Collage widersetzt sich der detailgetreuen Nachahmung und eignet sich gerade deshalb zum Umgestalten von Kunstwerken. Für den Anfänger ist sie eine hervorragende Übung zur Differenzierung von Farbwerten.

Links oben:
Die Vorlage für die beiden Mosaikcollagen: ein Kalenderblatt mit Reproduktion des Gemäldes »Mädchen mit Federball und Rakett« des französischen Rokokomalers Chardin (1699 bis 1779) (Format: 23 x 31,5 cm).

Oben:
Hier eine mehr flächige und wenig detailgetreue Darstellung des Motivs (Format: 43 x 61 cm).

Links:
Diese Umsetzung reicht in der Differenzierung durch Verwendung kleinerer »Mosaiksteinchen« bis zur Wiedergabe von Licht und Schatten (Format: 43 x 61 cm).

Umgestaltung von Kunstwerken

Kunst nach Kunst gab es zu allen Zeiten. Je bekannter die Werke, umso häufiger werden sie als Motive übernommen: da Vincis »Mona Lisa« belegt einen Spitzenplatz unter den Umgestaltungen. Darunter versteht man das Transformieren eines Kunstwerkes in eine andere bildnerische Sprache oder die Verbindung zweier oder mehrerer Bilder zu einer neuen Bildaussage.

Tipp

Beim Ineinanderfügen zweier Bilder verlangen die Nahtstellen besondere Beachtung. Es ist wichtig, auf ähnliche Farbgebung, gleiche Strukturen, grenzübergreifende Linienführung, Weiterführung von Farbflächen und natürlich auf die Beziehung inhaltlicher Besonderheiten zu achten.

Die Abbildungen zeigen, wie überraschend, aber auch wie beziehungsreich die Begegnung zwischen verschiedenen Zeiten, unterschiedlichen Stilen und gegensätzlichen Inhalten sein kann. Die inhaltliche Beziehung der Elemente ist so bedacht, ihre handwerkliche Verbindung so sorgfältig arrangiert, dass das geheimnisvoll oder auch herzerfrischend Neue erst verzögert wahrgenommen wird.

Zwischen dem mittelalterlichen Engel und dem modern gemalten Krieger (siehe Abbildung Seite 36), dem er den Weg weist, ist der Wechsel von einem in das andere Bild kaum erkennbar. Die Schwertscheide des Soldaten ragt über den Körper des Engels, die Standfläche des Engels schiebt sich unmerklich unter die Füße des Soldaten. Das sind technische Kleinigkeiten, deren perfekte Durchführung aber wesentlich zu einer überzeugenden Bildwirkung beiträgt.

Linke Seite:
Die gotische Kirche aus dem Bild van Goghs wird in eine moderne Industrieanlage integriert.

»Las Meninas«. Im Gemälde von Diego Velázquez (1599 bis 1660) haben zeitgenössische Modedamen den Platz der spanischen Hoffräulein und der Infantin eingenommen.

Max Beckmanns »Krieger« (1939) begegnet – fast selbstverständlich – einem mittelalterlichen Engel, wobei unterschiedliche Stilepochen miteinander verschmelzen.

Mona Lisa hält einen Werbegag vor ihren Mund.

In dieser Gestaltung hat sich die charakteristische Figur des zeitgenössischen Malers Horst Antes in Carl Spitzwegs »Sonntagsspaziergang« eingeschmuggelt. Sie verdeckt – unbemerkt von der Dame mit Schirm – das füllige Familienoberhaupt vollkommen.

Carl Spitzweg, »Der Sonntagsspaziergang«, 1841

Decollage

Die Decollage ist das Resultat eines Auflösungsprozesses. Im Gegensatz zu aufbauenden Collageverfahren werden bei dieser Methode bestehende Bildzusammenhänge zerstückelt und Bildwirkungen gestört. Dieser Vorgang kann absichtlich und geplant, aber auch unbeabsichtigt und spielerisch sein.
Von den vielen Decollageverfahren werden drei Arten vorgestellt, in denen sich die produktiven Kräfte der Zerstörung besonders deutlich zeigen:

- die Abrisscollage, die aus der Bearbeitung übereinander geklebter Papierschichten entsteht (siehe Seite 38 bis 40),
- die Rollage, bei der Bilder zerschnitten und dann neu zusammengefügt werden (siehe Seite 41 bis 45) und
- die Verdeckung von Bildteilen durch Übermalen (siehe Seite 46 und 47).

»Porträt, versteckt« (Format: 69 x 66 cm) ist Teil einer Plakatwand, auf der die vielen übereinander geklebten Papierschichten deutlich erkennbar sind. Durch Abtragen der einzelnen Lagen am Bildrand entstand eine lebendige Papierstruktur, in der der Kopf einer Frau sichtbar wird.

Abrisscollage

Ideales Material für die Abrisscollage können Sie von der »Deutschen Städtereklame« bekommen. Sie betreibt die Werbung auf den Plakatwänden, deren dicke Papierschichten gelegentlich abgelöst werden. Wenn Sie aus einem geeigneten Abfallteil rechteckige Platten ausschneiden oder aussägen, haben Sie einen hervorragenden Werkstoff.
Von der ursprünglichen Werbebotschaft aus Bild und Text, deren Sinn es war, als Ganzes gelesen, betrachtet und verstanden zu werden, ist meist kaum noch etwas zu erkennen. Durch Abreißen einzelner Schichten können verborgene Teile der darunter liegenden Bilder freigelegt werden. Aus den Bild- und Buchstabenfragmenten entstehen so neue, rätselhafte Erscheinungen, das Durcheinander von Farben und Formen vermittelt einen Hauch von Poesie.

»Schädel«. Bildbeherrschend ist ein expressives Gefüge, das diagonal in der Fläche sitzt. Gerissene Konturen und geometrische Formen eines Plakatbildes kontrastieren mit den fließenden Farbverläufen des Hintergrunds. Eine Ellipse, vielleicht die Abbildung eines Bedienungsknopfes, vom Collageur als Auge gedeutet, suggeriert dem Betrachter: skelettierter Vogelkopf. Die Teile sind Plakatabrisse und wurden neu arrangiert.

Tipp

Will man sich nicht auf zufällige Funde verlassen oder strebt man ganz bestimmte Bildwirkungen an, ist es einfach, sich passendes Material selbst zurechtzulegen. Für Grundübungen eignet sich z.B. eine Illustrierte, deren Seiten zusammengeklebt werden.

Seite 41:
Die Rollage setzt sich aus zwei, in gleichmäßige Streifen geschnittenen Werbeseiten zusammen. Je zwei gleiche Streifen wurden nebeneinander geklebt und in der Höhe leicht verschoben. Aus den Abbildungen der Parfümflaschen entsteht so der Eindruck einer dynamischen Architekturfassade.

Die Plakatwand »Autos« ist eine Abrisscollage, die an einer Tankstelle entdeckt und fotografiert wurde. Aus den ursprünglichen Plakaten wurden von anonymen Passanten nach und nach und ohne bestimmte Gestaltungsabsichten größere und kleinere Teile herausgerissen. Die gestalterische Qualität dieser Decollage hat der Fotograf erkannt.

Rechts:
Auch »Farben« (Format: 55 x 64 cm) ist eine unbeabsichtigt entstandene Abrisscollage. Das Fundstück besteht aus übereinander geklebten Papierschichten, die so zerfetzt wurden, dass sich in ihren Fragmenten die ursprünglichen Bildzusammenhänge kaum noch erkennen lassen. Die künstlerische Leistung liegt vor allem in der Wahl der Ausschnitte.

Rollage

Das Prinzip der Rollage ist verblüffend einfach und erlaubt ein variantenreiches Spiel mit schwer vorauszuplanenden Bildwirkungen. Im Wesentlichen besteht das Verfahren darin, ein Bild oder mehrere Bilder mit prägnanten Bildmotiven in regelmäßige Formen – meist sind es Streifen – zu zerschneiden und neu zusammenzusetzen. Die Bildvorlagen werden dabei zerstückelt, die Zusammenhänge lösen sich auf und zeigen nur noch bruchstückhaft das ursprüngliche Motiv.
In einer zweiten Arbeitsphase klebt man die Einzelteile wieder zu einem ganzen Bild zusammen. Neben der willkürlich-zufälligen Reihung können dabei auch bestimmte systematische Anordnungen gewählt werden:

- Beispielsweise kann man die Streifenfolge regelmäßig vertauschen oder drehen.
- Die Verschiebung einzelner Streifen in der Höhe bewirkt einen Vibrationseffekt.
- Das Weglassen einzelner Streifen führt zur Schrumpfung des Bildes.

Weitere Varianten erhalten Sie bei der Verarbeitung mehrerer gleicher oder verschiedener Bilder:

- Sie können zwei oder mehrere gleiche, in Streifen oder Rechtecke geschnittene Bilder zu einem einzigen zusammenfügen. Das Ausgangsbild erscheint gedehnt, verzerrt und bewegt. Die Wirkung der Verzerrung hängt von der Wahl des Motivs, das möglichst kontrastreich sein sollte, ab. Sie ist auch von der Streifenbreite, der Ordnung der Streifen und der Anzahl der verwendeten Bilder abhängig (siehe Abbildung Seite 42 und 44).
- Beim Ineinandersetzen zweier verschiedenartiger Bilder (siehe Abbildung Seite 45) werden deren Sinnschichten miteinander verbunden, indem sich Streifen aus einem Bild mit den Streifen aus dem anderen Bild abwechseln. Es entstehen prismatisch gebrochene, vexierbildhafte Wirkungen mit merkwürdigen Mehrdeutigkeiten: Ein Bild versucht über das andere zu dominieren, obwohl beide gleichzeitig zu sehen sind. Unser Auge überspringt die Zwischenräume, während das andere Bild störend wirkt und nur schwer wahrnehmbar ist. Auf diese Weise können die beiden Bildwirkungen kippen. Immer wenn sich das Auge auf ein Bild konzentriert, verliert das zweite an Bedeutung. Der Widerstreit zwischen Gesamtbild und einzelnen Teilinterpretationen bringt diese eigenartigen Stimmungen und scheinbaren Bewegungen zustande.

Um interessante Wirkungen zu erzielen, muss bei der Auswahl und Bearbeitung der Bilder auf Folgendes geachtet werden:

- Die Darstellungen der Ausgangsbilder sollen klar begrenzt sein und sich gut voneinander abheben. Deutliche vertikale Bildstrukturen wie Gesichter, Wolkenkratzer, Türme eignen sich besonders für überraschende Wirkungen.
- Verwenden Sie scharfe Schneidewerkzeuge. Am besten eignen sich Tapezier- und Federmesser (Cutter), zusammen mit einem Metall-Lineal. Das Lineal gut andrücken, damit es Ihnen beim Schneiden nicht verrutscht.
- Die Schnittlinien oder Markierungspunkte können vorher mit Bleistift vorgezeichnet werden. Um die Oberfläche zu schonen, zerschneidet man die Bilder am besten von der Rückseite.
- Verwenden Sie mehrere Bilder, sollten diese ähnliche Papierqualität haben.
- Sie können die Vorlagen auch in Rauten, Rechtecke und Quadrate zerschneiden. Derartige Rasterungen führen zu facetten-

Oben links:
Eine Reproduktion des Gemäldes »Kaufmann Giesze« von H. Holbein (1497 bis 1543) wurde in gleich große Quadrate zerschnitten. Diese sind nach einem erkennbaren System zu einer verspielten Variante des Porträts aus der Renaissance zusammengesetzt.

Oben rechts:
Insgesamt neun Reproduktionen desselben Gemäldes wurden in gleicher Weise zerlegt und nach einem klar erkennbaren Ordnungssystem arrangiert. Die senkrecht und waagerecht verlaufende Reihung der quadratischen Einzelteile führt zu einer prismenartigen Gesamtwirkung.

Links:
Acht identische Bilder sind zu zwei Streifen in entgegengesetzter Laufrichtung montiert. Die nicht überschaubare und gleichförmige Wiederholung des Motivs führt paradoxerweise zu neuen Wahrnehmungserfahrungen mit dem Einzelbild.

haften, bewegten Bildwirkungen (siehe Abbildung Seite 42, oben, rechts und Seite 44, oben links).

- Kreise müssen mit einem scharfen Federmesser (Cutter) besonders sorgfältig entlang der mit einem Zirkel gezeichneten Kontur geschnitten werden. Anzahl und Lage der Kreise bestimmen wesentlich das Ergebnis. Je geringer die Abstände zwischen den Kreisen sind, desto stärker wirken Verzerrungen und Bewegungen. Werden die Ringe zu stark gedreht, fällt die Bildwirkung abstrakter aus (Abbildung Seite 44, oben rechts).
- Die handwerkliche Verarbeitung, besonders das Schneiden und Kleben sowie das Zusammenfügen der Collageteile, sollte mit großer Sorgfalt ausgeführt werden. Vermeiden Sie – von beabsichtigten Wirkungen abgesehen – faltige und geknitterte Flächen, hoch stehende Ränder oder unsaubere Übergänge.

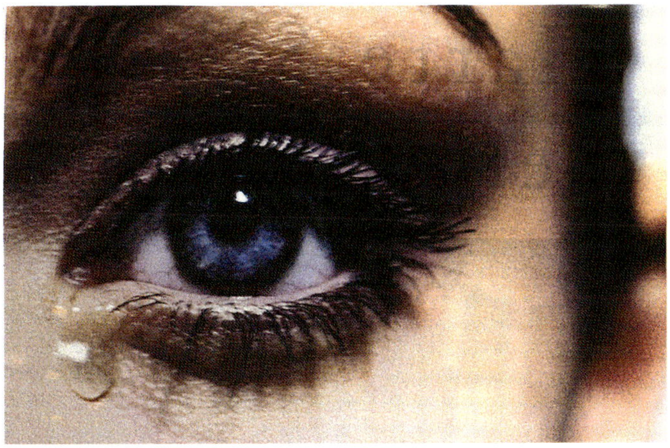

Aus eins …

… mach zwei. Die scheinbar komplizierte Verzahnung der beiden Augen entstand durch Zerlegen zweier fotokopierter Vorlagen in senkrechte Streifen. Sie wurden von links nach rechts in der Breite abnehmend bzw. zunehmend geschnitten. Die abwechselnd gewählte Reihenfolge dehnt das Bild und schafft den etwas verwirrenden Bildeffekt.

Der skeptische Gesichtsausdruck wird durch die vierfache Wiederholung und konzentrische Anordnung um den Bildmittelpunkt verstärkt. Es entsteht ein Wechselspiel von Nähe und Distanz, von Konzentration und Bewegung.

Bei dieser besonderen Form der Rollage wird die Vorlage in gleichmäßige konzentrische Ringe geschnitten. Aufeinander abgestimmte Drehungen einzelner oder aller Ringe vermitteln den Eindruck von rotierender Bewegung. Es ist möglich, die Ringe an einer oder mehreren Stellen eines Bildes auszuschneiden und zu drehen. Der Rest des Bildes bleibt dann unverändert.

Seite 45:
Drei verschiedene Bilder, die nicht ganz systematisch ineinander gesetzt wurden. Ein verwirrendes Spiel, das sich vor allem farblich zu einem Gesamtbild formiert.

Übermalungen

Zu den produktivsten Formen des Zerstörens von vorhandenen Bildern gehört die farbige Überarbeitung. Nicht eine leere weiße Fläche ist hier Ausgangspunkt der Malerei, sondern ein Bild, das die Inspiration und Motivation zum Verändern liefert. Farbige Übermalungen verdecken Darstellungen ganz oder nur teilweise. Sie verbinden Einzelteile miteinander oder trennen sie. Sie heben Bildteile hervor oder drängen sie zurück. Sie ergänzen Fehlendes. Immer entsteht ein Dialog zwischen der bestehenden Ordnung und farbigen Ergänzung. Der Künstler reagiert auf die jeweilige Vorgabe.

Das ursprüngliche Foto (Format: 9 x 13 cm) zeigt eine Straße in Triest.

»Non si scorda mai« (»Das vergisst man nie«). **Durch Überarbeitung der Fotografie (Format: 24,5 x 17,5 cm) mit Diafoto-Lasurfarbe wird der Blick des Betrachters auf die charakteristische Hausfassade und das Plakat des örtlichen Goethe-Instituts fokussiert. Die Steigerung der Farbkontraste und das Verdecken von Details – wie parkende Autos und der Schriftzug »*DEUTSCH*« – verleihen dem Bild eine rätselhafte Wirkung.**

»Paketebild« (Format: 42 x 58 cm) ist die malerische Überarbeitung eines Plakatrestes. Die ursprünglich grell farbigen Ausschnitte aus einem Plakat sind übermalt; durch Reduzierung der Farbskala auf verwandte, helle Töne entsteht die geschlossene Bildwirkung, und der Betrachter gewinnt Interesse an der gerade noch wahrnehmbaren Darstellung.

Die Collage »Autofriedhof« (Format: DIN A3) zeigt ein Durcheinander von aufgetürmten Autos. Die Einzelbilder stammen aus Werbebroschüren und zeigten ursprünglich glänzende, perfekte Produkte. Um den farbenfrohen Blechhaufen in gealterten Schrott zu verwandeln, wurde die Collage mit durchsichtigen Braun- und Grautönen übermalt. Spontane Pinselspuren, Farbspritzer und Kratzer bilden dynamische Kontraste zu dem erstarrten Schrottberg. Aus den bunten Abbildern entstand eine Szenerie des Verfalls mit Hinweisen auf die Vergänglichkeit. Der blaue Himmel kontrastiert mit der morbiden Blechlandschaft.

Fotocollage

Viele Collagearten haben sich in Verbindung mit der Fotografie entwickelt. Die Ursachen dafür liegen im Naturalismus der Bilder und ihrer billigen und massenhaften Verfügbarkeit. Von den unterschiedlichen Spielarten der Fotocollage werden im Folgenden neben herkömmlichen Verfahren die Sandwich- und Joiner-Collagen behandelt.

»Kindheitserinnerungen«. Die Silhouette des Mädchenkopfs wurde in Lebensgröße aus schwarzem Karton herausgeschnitten und mit Fotografien aus der Kindheit hinterlegt. Anschließend wurde der Kopf nochmals ausgeschnitten, so dass nur noch die dünnen schwarzen Ränder der Porträtierten die Fotocollage begrenzen.

Oben:
»Pittura Zen« (Format: 23 x 18 cm) ist eine Kombination von collagierter Fotografie und Malerei mit Diafoto-Lasurfarbe. Das ursprüngliche Bildmotiv war die Spiegelung des Florentiner Doms in einem benachbarten Schaufenster. Durch Zerschneiden, Verkleinern, Drehen, partielles Übermalen und neues Zusammensetzen der Einzelteile entstand ein ungewöhnliches Bild.

Rechts:
»Sicherheitskontrolle« (Format: 13 x 26 cm) wurde aus vier Fotos montiert, die so übereinander geschoben sind, dass drei kontrastierende Felder entstehen, die ein beunruhigendes Ganzes zeigen: unten Leere und Verschwommenheit, was als Darstellung von Unsicherheit gedeutet werden kann; darüber eine Zone greller Farbigkeit, die die großstädtische Hektik unserer Zeit widerspiegelt; und im düsteren oberen Bereich eine erkennbare Kontrollkamera unter einem nicht zu definierenden dunklen Gerät vor hellem Hintergrund.

Sandwich

Das Collagieren von Diapositiven bezeichnet man als »Sandwich«-Verfahren. Zwei Diapositive, aufeinander gelegt und in einem Diarähmchen fixiert, bilden ein fertiges Sandwich. Neue Bildeindrücke kann man hierbei durch gezieltes Vorgehen, aber auch durch Ausprobieren finden. Spielerisch werden oft einzigartige Bildkombinationen entdeckt. Im zufälligen Zusammentreffen von zunächst belanglosen und voneinander unabhängigen Bildern entsteht ein unerwartetes Ergebnis, das dem ursprünglichen Material eine andere Bedeutung, eine neue Bildaussage verleiht. Seine eigentliche Bildwirkung wird aber erst in der Projektion, d.h. bei durchscheinendem Licht, sichtbar. Ein lichtstarker Projektor verhilft dem kleinen Format zu höchstem Ausdruck in Größe und Farbe. Es lassen sich aber auch Papierabzüge herstellen.

Einstieg und Vorgehensweise

Am besten macht man die ersten Versuche mit Bildern, die überbelichtet, vom Motiv her unbefriedigend oder doppelt vorhanden sind. Derartiges Ausschussmaterial lässt sich am einfachsten in Klarsichtfolien aufbewahren. Um die Bildwirkung besser prüfen zu können, verwendet man ungerahmte Dias. Über dem Lichttisch oder einem von unten beleuchteten Glastisch ist es dann leicht, mit einer Pinzette ein Dia über die »Sammlung« wandern zu lassen und im Falle einer Bildidee das Zweitdia aus der Bildhülle zu holen. Erst im direkten Kontakt miteinander kann die endgültige Sandwichwirkung geprüft werden. Wenn es das Motiv erlaubt, sollte unmittelbar Schicht auf Schicht liegen, um mögliche Unschärfen in Grenzen zu halten – es sei denn sie sind gewollt. Beide Dias werden dann mit Klebefilm am Rand in der gewünschten Position fixiert und anschließend eingerahmt.

Welche Dias eignen sich zum »Sandwichen«?

Wer sich bewusst dem Sandwich zuwendet, wird sich im Laufe der Zeit einen Bildvorrat an Farb- und Formstrukturen zulegen und ab und zu auch zweimal auf den Auslöser drücken. Man wird bemerken, dass Dias mit bestimmten Eigenschaften schneller zu interessanten Ergebnissen führen:

- Überbelichtete Dias eignen sich besonders gut, da sie erst durch die Verdoppelung bei der Montage die normale Helligkeitsdichte erreichen.
- Einfache Motive und Strukturen von Steinen, Blättern und Wasserspiegelungen, Metall- und Holzoberflächen sind fast immer gut zu verwenden. Damit lassen

»Markusplatz«. **Die einfarbige Fassade des venezianischen Palazzo ist farbig überspielt mit einer Aufnahme der Fensterrosette von Chartres. So gestaltet, entspricht das Bild in seiner aquarellartigen Buntheit der gängigen Vorstellung von der heiteren Lagunenstadt.**

sich z. B. Alter, Zerfall, Zerstörung darstellen. Solche Strukturen ergeben außerdem – übereinander gelegt – starke Farbigkeiten und wirken wie gegenstandslose Gemälde.

- Ruhige, große Farbflächen von Himmelsstimmungen, wie Sonnenuntergänge und Gewitterwolken, beleben Dias mit starker Hell-Dunkel-Wirkung.

Schwieriger ist es, Kombinationen zu finden, die ein realistisches Motiv »stören«, die Widersprüche hervorrufen und traumhafte, surreale Effekte bewirken. Wenn das geeignete Material für solche Realisationen fehlt, ist es angebracht, gezielt einzelne Bilder für das entwickelte Montage-Projekt zu fotografieren. Dies setzt Erfahrungen auf dem Montage-Gebiet voraus. Dabei ist es günstig, nach einem Plan oder einer Skizze zu verfahren, um das richtige »Motiv« herauszuarbeiten.

Tipps

- Besondere Effekte entstehen in der Kombination eines Farb- mit einem Schwarzweißdia oder -negativ, da die starken Helligkeitsunterschiede grafische Linien und Formen betonen.
- Bei Verwendung zweier gleicher Dias erhält man reizvolle Verstärkungen. Das Doppeln steigert die Farbintensität.
- Drehungen und Seitenverkehrungen führen zu interessanten, kaleidoskopartigen Symmetrien, Überschneidungen und Transparenzen.

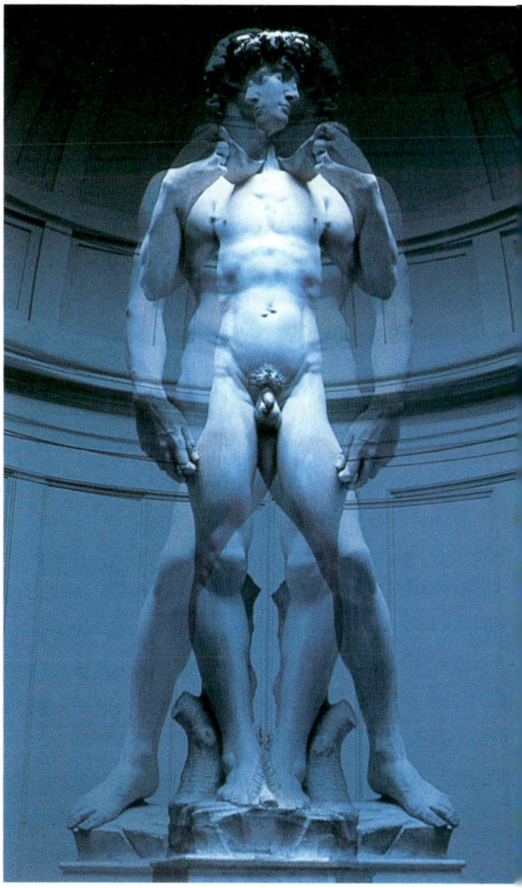

Rechts:
»David«. Der David von Michelangelo wurde zweimal mit Kunstlichtfilm fotografiert. Ein Dia wurde dann seitenverkehrt mit der Normalansicht zusammengebracht.

Rechts:
»Fiorenzuola«. Eine farbenfrohe Ansicht des italienischen Dorfes Fiorenzuola (oben) wurde mit einem hauptsächlich durch Hell-Dunkel-Abstufungen bestimmten Dia von Flusskieseln kombiniert.

Joiner

Unter »Joiner« (engl.: to join = verbinden, zusammenfügen) versteht man Fotomontagen, die auf den ersten Blick wie eine kubistische Darstellung wirken. Man fotografiert das Motiv, z. B. eine Person, mehrfach aus verschiedenen Blickwinkeln. Die Fotoserie wird dann so zusammengesetzt, dass die Abfolge der zeitlich versetzten und räumlich voneinander abweichenden Ansichten ein Gesamtbild ergibt, das von mehreren Standpunkten gleichzeitig zu betrachten ist. Trotz der farblichen Abweichungen und optischen Verwerfungen zwischen den Einzelbildern verschmelzen diese im Auge des Betrachters zu einer facettenreichen Raum-Zeit-Collage.

»Kevin mit Katze« **besteht aus Fotos, die von schräg oben, von einer Leiter aus, aufgenommen sind. Der Blick des Betrachters wandert vom Kopf des Porträtierten nach unten und nach hinten.**

»Tanz der Stühle«. Unterschiedliche Ansichten eines Gartentisches mit blauer Decke und der um ihn herum postierten Stühle. Die Einzelteile sind so zusammengefügt, dass kein realistisches, sondern ein mehrdeutiges und vielseitiges Bild der Gesamtsituation zu sehen ist.

Rechts:
Für **»Performance«** wurden drei Personen von vorne in Partien fotografiert. Durch die Wiederholung von Details in den Grenzbereichen ergeben sich simultanperspektivische Wirkungen von großem gestalterischen Reiz.

Mischtechniken

Neben der reinen Collage aus geklebten Papieren gibt es eine Vielzahl an Techniken, mit denen sich die Collage verändern und bereichern lässt. Meist werden geklebte Bilder mit malerischen und zeichnerischen Verfahren kombiniert. Im Dialog zwischen dem fertigen Bildmaterial und eigenen künstlerischen Ergänzungen sehen viele Maler eine kreative Herausforderung.

»Einfahrende U-Bahn«. Malerei, Fotografie und Übermalung verbinden sich zu einer untrennbaren Einheit. Die »verwischten« Fenster des Waggons sind manipulierte Fotos. Im Gegensatz zu den großen, gemalten Farbflächen werden sie als nachvollziehbare Umsetzung von Bewegung wahrgenommen.

Malen und Collagieren

In verschiedenartiger Weise ergänzen Künstler das geklebte Bild, je nach Temperament und Absicht, mit Acryl-, Öl- oder Wasserfarben, mit Stiften, Sprays, Tinten, Tuschen und Beizen. Bestimmte Techniken des Farbauftrags, wie Walzen, Tupfen, Drucken und Sprühen, erzeugen lebendige Strukturen, die sich insbesondere für die Wiedergabe von Elementen der Natur, z. B. in Still-Leben und Landschaft, eignen. Ungewöhnliche Effekte erzielt man mit Bearbeitungsmethoden wie Brennen, Bleichen, Kratzen, Löchern, Knittern usw.

Tipp

Arbeiten Sie großzügig! Aus fotografischen Vorlagen penibel ausgeschnittene Hände, Blumen oder Tiere wirken in einer malerisch ausgestalteten Umgebung oft isoliert. Dagegen erzeugen ungenaue Konturen oder farbige Überlappungen eine natürliche und zum Charakter der Malerei passende Wirkung.

Die Collage »Herbstbaum« ist in mehreren Phasen aufgebaut. Sie erfordert gestalterische Fantasie im Malen und ist für eine Gruppenarbeit gut geeignet. An den vorher aus Pack- oder Tonpapier ausgeschnittenen kahlen Baumstamm werden die selbst gemalten farbigen Blätter geklebt. So lassen sich viele individuelle Ideen durch die Kombination von Malen und Collagieren zu einer Einheit zusammenfassen. Das Motiv kann auch als größeres Wandbild realisiert werden. Als Untergrund wählt man dann Packpapierbahnen und -bögen oder Tapetenreste. Die Farben der Blätter sind mit breitem Pinsel getupft, gestrichen oder gesprenkelt aufgetragen. Fließende Übergänge erzielt man durch Zugabe von Wasser, feine Strukturen durch »Quetschen« dickerer Farbe. Auch Kratzen, Wischen, Überzeichnen mit Wachs- und Filzstiften führt zu lebendigen Farbstrukturen. Die herbstliche Farbfamilie umfasst vor allem Mischtöne aus Braun, Gelb, Rot und Orange. Nach dem Trocknen der Farben erhalten die Blätter – rund, spitz, regelmäßig und unregelmäßig geschnitten – ihr charakteristisches Aussehen.

»Tanzende« ist eine sehr einfache Verbindung von Collage und Malerei. Eine Seite aus dem Supermarktprospekt (Fleisch und Obst) ist so übermalt, dass zwei stilisierte Figuren ausgespart bleiben. Die expressiven Formen der Darstellung und die verrenkten Körper erinnern an tanzende Menschen.

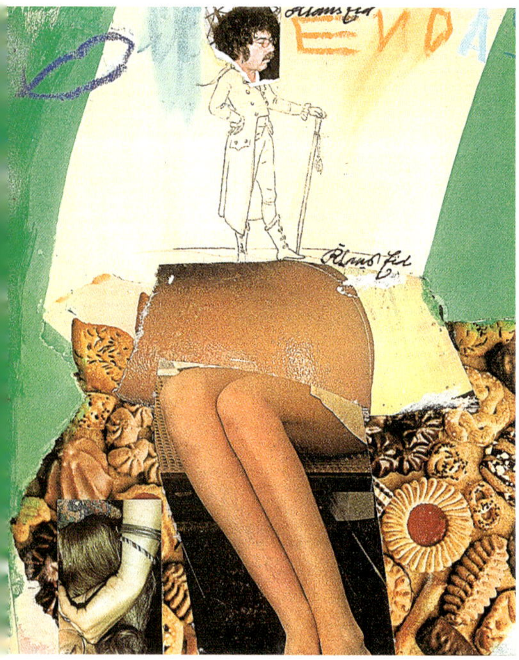

Links:
Das als Faksimile gedruckte Skizzenbuch einer unbekannten Künstlerin des 19. Jahrhunderts war ein billiger Flohmarktfund. Die Idee, auf die Darstellung von Freunden und Familienmitgliedern der Zeichnerin zu reagieren, war nahe liegend. Ohne die Vorgaben entscheidend zu ändern, wurden sie durch die Verbindung mit fotografischen Darstellungen umgedeutet.

Mitte:
In der Zeichnung »Küstenlandschaft« (Format: 19,5 x 12,5 cm) dominiert ein eingeklebter blauer Papierstreifen. Er wird vom Betrachter als stilisierter Bergrücken wahrgenommen, obwohl die Zeichnung insgesamt eher ungegenständlich ist. Der Bruch zwischen der lebendigen Federzeichnung und der farbigen Papierfläche zieht den Blick magisch an.

Reißbilder

Das Wort »Reißbrett« erinnert noch daran, dass »reißen« in unserer Sprache einmal »zeichnen« bedeutete. Denn wenn man aus einem Stück Papier eine Form reißt, hat diese wie beim Zeichnen eine Kontur, eine Umrisslinie.

Tipps

- Gerissene Konturen wirken lebendig und ausdrucksstark. Reißen Sie Formen und Figuren ohne Vorzeichnung aus Ihren farbigen Papieren, wenn Sie eine solche Wirkung beabsichtigen!
- Abwechslungsreiche und nicht nur zufällige Konturen erzielen Sie durch kontrolliertes Reißen. Legen Sie dazu das Metall-Lineal entlang der gewünschten Trennungslinie auf das Papier, halten Sie es mit einer Hand fest und ziehen Sie mit der anderen das überstehende Papier ruckartig nach oben.

Oben:
Der »Mann mit Machete« entstand als Negativform und ohne Vorzeichnung aus gerissenen Stücken einer Zeitungsseite. Dieses Vorgehen erzeugt eine weiche und vom Zufall geprägte Kontur, die wesentlich zur lebendigen Darstellung der Figur beiträgt. Machete und bräunlicher Hintergrund sind zeichnerisch-malerische Zugaben.

Unten:
»Hommage à Mondrian«. Siehe hierzu Text auf Seite 58, unten.

Seite 59, oben:
»Café R.« setzt sich zusammen aus einem quadratischen Hauptfeld im unteren und einem quer gelagerten Rechteck im oberen Teil. Während die obere Partie ein buntes Blumenmuster zeigt, bilden den unteren Bereich aufgerichtete Rechtecke mit stark kontrastierenden Strukturen. Zwischen beiden Teilen gibt es formale Beziehungen. Entscheidend für den Still-Leben-Charakter sind realistische Zitate wie Henkel oder Untertasse.

»Hommage à Mondrian« (auf Seite 57) und »Zunehmender Mond« sind tagebuchartige Notizen eines Aufenthaltes in Amsterdam. Zufallsfunde aus Papier wurden zunächst in beliebiger Reihenfolge übereinander geklebt und nach dem Trocknen reißend überarbeitet. Das decollagierende Vorgehen führt zu überraschenden und durchweg malerischen Wirkungen. Die Titel – wie »Hommage à Mondrian« für eine Collage mit völlig ungeplanter und regelloser Struktur – sind ironisch zu verstehen.

Rechts:
»Rotes Feld« (Format: 32 x 38 cm) ist eine abstrakte Collage. Die innere Spannung, die Farben und Formen zusammenhält, entsteht durch Abstufung des dominierenden Rot-Tons. Die Blätter wurden einzeln bemalt und anschließend gerissen. Sie suggerieren, leicht gedreht und gestaffelt, Tiefe und Bewegung im angedeuteten Bildraum.

Serienbilder

Bildserien bieten die Möglichkeit, gestalterische Erfahrungen zu wiederholen und sie für neue Aufgabenstellungen zu nutzen. Trotz unterschiedlich ausgearbeiteter Einzelcollagen werden so Zusammenhänge im Sinne eines »Zyklus« geschaffen.

Für die abgebildete Collage-Serie wurden Prospekte von Porzellanherstellern verwendet. Der Reiz dieser Bilder liegt im Kontrast zwischen den filigranen fotografischen Motiven und der vergleichsweise groben Verarbeitung bzw. zeichnerischen Ergänzung. Die Motive der Werbung führten zu einem still-lebenartigen Gesamtkonzept.

Unten:
»Kein Ultraschall« ist ein Arrangement aus den Details einer gedeckten Tafel (Teller, Tasse, Obst, Blumen, Serviette). Die Zerstörung der Zusammenhänge eröffnet die Chance, die Einzelteile wie Requisiten zu verwenden und sie bildwirksam zu einer neuen Aussage zu verbinden. Leichte zeichnerische Überarbeitungen beleben die Bildfläche.

Rechts:
Eine krugartige Form mit frischen Rosen beherrscht »Isarfloß«. Blüten und Blätter sind auch in der Stickerei rechts und unterhalb der Rosen zu erkennen. Der Blumenstrauß im gestreiften Krug, der das Gefäß aus Porzellan fast verdeckt, hebt sich deutlich vom hell-beigen Hintergrund ab. Die gezeichneten Rechtecke verleihen dem Bild einen rätselhaften Ausdruck.

Reizbildcollage

Das Besondere an Reizbildcollagen ist der Versuch, durch optische Vorgaben Fantasien freizusetzen und den Anstoß zur individuellen Gestaltung eines Bildes zu geben. Das »Reizbild« ist Fragment oder Teil eines größeren Bildes. Es fordert auf, mit ähnlichen oder neuen Farben und Formen fortgeführt, erweitert und ergänzt zu werden. Es provoziert kreative Assoziationen und Einfälle sowie sensiblen und spielerischen Umgang mit den farblichen und optischen Mitteln. Ein Farbklecks, ein Ausschnitt aus einer Urlaubslandschaft, ein Stück Regenbogen oder ein Teil einer Zeichnung geben den Impuls weiterzudenken und weiterzugestalten. Teile von Kunstwerken z. B. können als Startsignal aufgefasst werden, um mit Wissen und Fantasie die freien Räume zu bearbeiten. Die Bildfragmente regen die bildhafte Vorstellungskraft an und bereichern durch Nachahmung und Veränderung vorhandener Farben und Formen den gestalterischen Ausdruck.

Wie findet man ein Reizbild?

Teile oder Ausschnitte von Kunstpostkarten, Bilder aus Katalogen und Werbeseiten der Illustrierten stellen vielseitige Farb- und Formimpulse dar, die man zu eigenständigen Kompositionen weiterentwickeln kann. Man sollte sich bei der Wahl der Ausgangsbilder viel Zeit nehmen, sich auch durch spontane Begeisterung mitreißen lassen und Farben, Formen sowie Farbstimmungen genau betrachten und überlegen, ob sie für die Weiterbearbeitung geeignet sind.

Für »Grüße aus dem Urlaub« wurde ein kleines Reizbild aus einem Reisekatalog ausgeschnitten und in die Mitte einer leeren, weißen Postkarte geklebt. Die Vorgabe ist mit Deckfarben so ergänzt, dass sie sich fast stufenlos in die kleine Urlaubslandschaft einfügt.

Kreative Erweiterung

Die Lösung, wie es weitergeht, kann dann mit Farben, Stiften, gedrucktem Bildmaterial, Schere und Klebstoff gesucht werden. Dabei ist es freigestellt, die vorhandenen Bedeutungen und Strukturen fortzuführen oder sie mit neuen Ideen zu konfrontieren. Es besteht die Möglichkeit, die Vorgabe im Bild zu integrieren, so dass sie unter Umständen später nicht mehr auffällt und sich ganz in das neue Bildgefüge einpasst.

Die abgebildeten Beispiele zeigen Reizbildcollagen mit malerischen Erweiterungen.

Oben und unten:
Diese Reizbildcollagen zeigen eine malerische Erweiterung um Reproduktionen von Kandinskys »Komposition IV, 1911« und van Goghs »Die Brücke von Langlois« (1888). Sie erlauben das Studium von Farben und Formen, von Komposition und Malstil der Künstler. Je genauer die Vorgaben an den Rändern aufgenommen, fortgeführt und allmählich erweitert werden, desto überzeugender integriert sich der Impuls in Ihrem neuen Bild.

Buchumschläge

Die Veränderung eines seriellen Produkts durch Bekleben und Bemalen entspricht dem Bedürfnis, einem industriell gefertigten Artikel eine individuelle Note zu geben. Der gestalterische Eingriff macht aus der anonymen Massenware Buch einen ganz persönlichen Besitz.

Vordere und hintere Umschlagseite von Ernst Gombrichs »Weltgeschichte für junge Leute« wurden komplett überarbeitet. Beide Seiten sind beklebt bzw. bemalt. Zweimal ist ein stilisierter Mensch dargestellt, der mit ausgestreckten Armen die Grenzen seiner Möglichkeiten ertastet. Auf der Vorderseite dominiert ein suggestives Augenpaar, auf der Rückseite das symbolisch gemeinte, geschriebene Wort. Die bunte Figur auf der Vorderseite, die sich von dem hellen Untergrund abhebt, bildet einen Kontrast zur Rückseite mit der hellen Figur auf farbigem Hintergrund.

Rechts:
Taschenbuchausgabe
von Alberto Moravias
»Römerin«

Links:
Der Titel von Alberto Moravia wurde auf beiden Umschlagseiten zunächst mit Ausrissen aus Werbeprospekten überklebt. Die Abbildungen entsprechen dem Inhalt des Romans (klischeehafte Darstellung der Frau, Muster aus Sternen und Geschenkpäckchen im Hintergrund), in dessen Mittelpunkt das Leben einer römischen Dirne steht. Formal gibt es im aufgeklebten Bild Fortführungen der ursprünglichen Umschlaggestaltung (Haare, Körper, Stoffe). Die Überzeichnung mit Faserstift unterstützt in ihrer Beliebigkeit und Buntheit inhaltliche Assoziationen.

Als Analogie zur Graffitimalerei in unseren Städten und als Reaktion auf die gepflegte Bürgerlichkeit der Schweiz ist die Fotosammelmappe »Züricher Novellen« zu verstehen. Wilde gestische Malerei mit gekritzelten und geschriebenen Ergänzungen umspielt zwei aufgeklebte Fotografien.

Die Deutsche Bibliothek –
CIP-Einheitsaufnahme

Ein Titeldatensatz für diese Publikation ist bei Der Deutschen Bibliothek erhältlich.

Die im Buch veröffentlichten Ratschläge wurden von den Verfassern und vom Verlag sorgfältig erarbeitet und geprüft. Eine Garantie kann dennoch nicht übernommen werden. Ebenso ist die Haftung der Verfasser bzw. des Verlages und seiner Beauftragten für Personen-, Sach- und Vermögensschäden ausgeschlossen.

Bei der Verwendung im Unterricht und in Kursen ist auf dieses Buch hinzuweisen.

Lektorat: Eva-Maria Müller, Augsburg
Umschlagkonzeption: Kontrapunkt, Kopenhagen
Umschlaglayout: Angelika Tröger
Layout: Michael Stiehl, Leipzig

AUGUSTUS VERLAG, München 2001

Satz: Gesetzt aus 11 auf 14 Punkt Frutiger Light von Michael Stiehl, Leipzig
Reproduktion: Mayr Reprotechnik, Donauwörth
Druck und Bindung: Appl, Wemding

Gedruckt auf 135 g umweltfreundlich chlorfrei gebleichtem Papier

ISBN 3-8043-0724-8
Printed in Germany

Bildnachweis

Für die Bereitstellung von Bildmaterial danken wir den Studierenden des Lehrstuhls für Kunstpädagogik und Kunstdidaktik der Otto-Friedrich-Universität Bamberg, des Instituts für Kunstpädagogik der Ludwig-Maximilians-Universität München, sowie Evelyn Ludena de Greif (Seite 36, unten), Eva Herold (Seite 13, unten), Kerstin Kropf (Seite 35), Pia Mingels (Seite 54), Hella Ruprecht (Seite 12) und Heike Schmidt (Seite 47, oben).

Alle weiteren Abbildungen stammen aus dem Besitz der Verfasser.